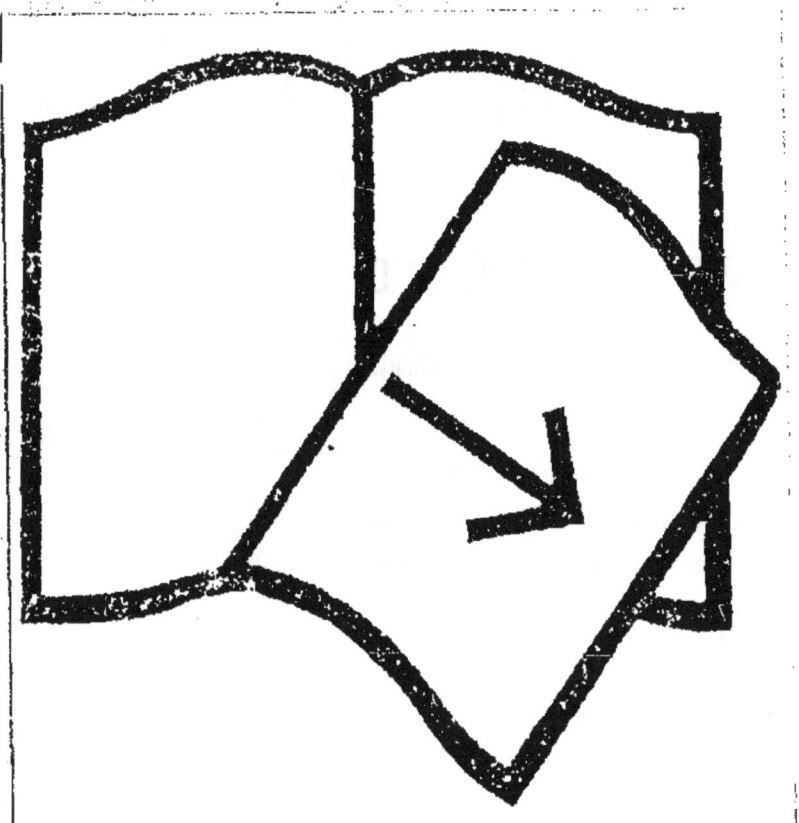

Couvertures supérieure et inférieure manquantes

# VESOUL

## AU

# XVIIᵉ SIÈCLE

D'après les Vues et les Documents

Par Léonce LEX

ANCIEN ÉLÈVE DE L'ÉCOLE DES CHARTES
Archiviste du département de la Haute-Saône.

VESOUL
LIBRAIRIE LOUIS BON
58, Rue du Centre, 58

1885

VUE DE VESOUL

# VESOUL

## AU XVIIᵉ SIÈCLE

D'APRÈS LES VUES ET LES DOCUMENTS

Les vues originales de Vesoul au XVII siècle (1) sont rares. Il n'existe à notre connaissance que trois dessins au crayon et à la plume conservés au département des estampes de la Bibliothèque nationale.

Le plus ancien porte la date de 1615. Il figure au tome II du précieux *Recueil contenant plusieurs vues de villes, bourgs, abbayes, châteaux et autres endroits particuliers de France, dessinées d'après nature par J. Stella.* Ce Stella, né à Lyon, d'un père italien, qui était de passage dans cette ville en 1596, fut un bon peintre (2) et un excellent dessinateur que pensionné-

---

(1) Nous n'avons d'autres vues du XVIIIᵉ siècle que la fine sépia donnée aux Archives départementales par M. G. Marquiset, député, et la gouache de Cornu (1792) qui appartient au Musée.

(2) Sa *Minerve et les Muses* du Louvre, sa *Sainte Famille* et son *Assomption* du musée de Nantes sont connues. Il a aussi quelques toiles au musée de Rouen.

rent successivement le grand duc Côme de Médicis, le pape, le roi d'Espagne et Louis XIV ; il mourut à Paris en 1657. Au cours de l'un des voyages qu'il fit d'Italie en France (1615), il crayonna les vues des villes qu'il avait l'occasion de traverser et c'est ainsi qu'il forma cette intéressante collection (1) que le roi n'eut garde de manquer d'acquérir pour sa bibliothèque.

Jacques Stella s'était placé, pour reproduire l'aspect général de Vesoul, dans le clos des Capucins, qui est aujourd'hui le jardin du séminaire. L'est de la ville, limité par une longue muraille qui n'existe plus, figure donc au premier plan de son dessin. A l'horizon, l'œil découvre la ligne finement découpée des plateaux qui s'étendent entre Echenoz et Vaivre. Le village de Noidans est représenté au pied des collines par quelques maisons semées çà et là dans le feuillage. Quant à la ville, elle compte à peine cent maisons du milieu desquelles émergent une dizaine de tourelles et de clochetons.

Les deux autres dessins font partie de la série que le cabinet des estampes a formée sous le nom de *Topographie de France*. Le premier est la copie pure et simple, faite par une main peu exercée, du crayon de Stella : nous n'en dirons rien.

L'autre est un des nombreux croquis exécutés, soit d'après nature, soit sur modèles, pendant la seconde moitié du XVII<sup>e</sup> siècle et soigneusement recueillis par le savant Gaignières qui, peu d'années avant sa mort, en 1711, abandonna tous ses manuscrits et ses cartons à la Bibliothèque royale. On en peut trouver une reproduc-

---

(1) Le frontispice qui a été fait au commencement du XVIII<sup>e</sup> siècle pour le *Recueil* en attribue faussement la composition à François Stella, frère de Jacques et peintre comme lui, né en 1603, mort en 1647.

tion lithographique dans l'*Annuaire du département de la Haute-Saône* publié en 1842 par M. L. Suchaux.

Vesoul nous y présente ses pignons du côté qui regarde le midi. Cette vue est prise, en effet, ainsi que la plupart de celles qui lui sont postérieures, d'un point situé deçà le Durgeon, sur la *levée* de Besançon, comme on disait au temps de jadis. La route donne accès en ville par une porte en plein-cintre, sans couronnement ni tours d'angle. Le groupe des maisons est limité, au soleil levant, par l'enclos des Capucins; au couchant, par celui des Jésuites; il est adossé à la *Motte* couverte de vignes à mi-côte et surmontée d'une grande croix de bois. Une autre croix dominait la ville, celle que les Capucins avaient élevée près de leur couvent.

Ni l'un ni l'autre de ces dessins ne paraît avoir servi de modèle à l'estampe que nous offrons à nos lecteurs et qu'ont publiée les auteurs d'un *Voyage dans les départements de la France, enrichi de tableaux géographiques et d'estampes*. Le fascicule qui renferme le département de la Haute-Saône (32 pages in-8°) a été édité en 1792, l'*An premier de la République française*, l'*An quatrième de la liberté*, par les soins des citoyens Joseph La Vallée, ancien capitaine au 46° régiment (1), pour le texte, — Louis Brion père, pour les cartes, — Louis Brion fils, pour les dessins. Il porte en épigraphe ce vers tiré d'une œuvre poétique du premier et principal auteur (2) :

L'aspect d'un peuple libre est fait pour l'univers.

(J. La Vallée, *Centenaire de la Liberté*, acte I".)

---

(1) Le citoyen La Vallée était marquis de Bois-Robert. Il est né à Dieppe en 1747, mort à Londres en 1816.

(2) On connaît du même publiciste : *Le nègre comme il y a peu de blancs* (3 vol.); — *Cécile, fille d'Achmet III* (2 vol.); — *Ta-*

On le trouvait chez le dessinateur, l'imprimeur et « chez les principaux libraires de l'Europe. »

Le citoyen La Vallée est censé parcourir les divers départements de la France, en rédiger sur place la description (1) et adresser au dessinateur des croquis d'après nature.

« *Vesoul* est le chef-lieu du département, écrit-il (p. 8), et nous vous en envoyons une vue. » — « Nous avons vu *Scey-sur-Saône*... Nous vous envoyons une vue de l'intérieur (p. 18). » — « *Jonvelle,* village sur la Saône, dont l'aspect nous a tellement enchanté, que nous avons cédé au désir de vous en envoyer une vue (p. 22). » — « En sortant de *Gray*, dont nous vous envoyons une vue... (p. 25) » (2).

Il suffit d'un coup d'œil jeté sur chacune de ces quatre gravures pour voir qu'on ne peut prendre au pied de la lettre l'assertion de La Vallée, et que son dessinateur a

---

bleau philosophique du règne de Louis XIV (1 vol.); — *La vérité rendue aux Lettres* (1 vol.); — *Le serment civique*, comédie en 1 acte; — *La gageure du pèlerin*, comédie en 2 actes; — *Le départ des volontaires villageois*, comédie en 1 acte. — Le Voyage comptait déjà 15 nos quand parut la *Haute-Saône*.

(1) « Nous quittons, mon cher concitoyen, dit-il en débutant, l'empire d'Austrasie plus fameux dans l'histoire par les *crimes de ses rois* que par les vertus de ses peuples, toujours si foibles chez les Nations qui cèdent sans courage à la domination des despotes, et nous voici sur une terre connue longtemps sous le nom de royaume des Bourguignons. » (p. 3). — Cinquante passages portent cette forte empreinte de l'esprit du temps. L'auteur s'en explique (p. 18) : « Nous avons vu *Scey-sur-Saône*, fameuse par le magnifique château qu'y possédoit la famille de Beaufremont... Tout le luxe des rois, tout l'orgueil de la féodalité, tout l'éclat d'une race superbe déshonore ce séjour. Autrefois on auroit écrit « embellit ce séjour »; mais *nous rappelons à nos lecteurs que nous n'écrivons pas vieux style* ».

(2) Outre ces quatre estampes, l'ouvrage renferme une carte du département, divisé, conformément au système primitivement adopté par l'Assemblée constituante, en 6 districts, comprenant 48 cantons et 884 municipalités.

eu sous les yeux des modèles d'époques variées. Ainsi, tandis que Jonvelle, dont il n'existe pas de vue ancienne, semble avoir été reproduit *de visu*, en 1792, — tandis que Scey-sur-Saône et Gray sont bien représentés dans l'état où nous les connaissons à la fin du XVIII° siècle, l'un dans le *Voyage pittoresque de la France* (1), l'autre dans les *Monuments* de De Laborde (2) — Vesoul, sans son église (3), Vesoul, sans ses faubourgs (4), doit être antérieur à 1700.

L'aqua-tinta que nous avons fait graver se réfère sans conteste à une époque voisine de la date du dessin de Gaignières : dans l'une et l'autre, même aspect général, même groupement des édifices. Le second cependant, avec le cachet archaïque de ses façades et de ses pignons, avec la raideur naïve donnée aux ondulations du sol, accuse quelques années de plus que la seconde où la perspective est plus habilement ménagée, où les détails naturels sont notés avec plus d'art et d'habitude. En attribuant l'un à la première moitié du XVII° siècle (5), l'autre à la seconde, c'est-à-dire au temps de la conquête, on sera, croyons-nous, dans le sentiment de la réalité des choses.

---

(1) *Voyage pittoresque de la France avec la description de toutes les provinces.* A Paris, de l'imprimerie de Monsieur, chez Lamy, libraire. — 1787.

(2) *Les Monuments de la France* (Paris, 1816-26, in-f°), par le comte de Laborde (1774-1842).

(3) L'église actuelle fut commencée en 1732, terminée en 1745 et consacrée en 1756.

(4) L'extension des faubourgs résulta de l'installation des Capucins (1608) à l'est, des Jésuites (1610) à l'ouest, et de l'hôpital (1619) au midi de la ville.

(5) La muraille élevée en 1635, au nord de la ville, n'y figure pas ; il serait donc antérieur à cette année et postérieur à 1628, date de la construction de la grande clôture des Jésuites (Archives départementales, D, 45).

(*)

Au sortir de ce XVI⁰ siècle dont la fin avait été si désastreuse, — car au fléau de la peste de 1586 étaient venus s'ajouter les désastres du siège de 1595, — Vesoul n'était plus, comme le disaient fort dédaigneusement les habitants de Gray, dans un mémoire daté de 1613, *qu'une petite bourgade dénuée de forteresse.* Le château de la Motte qui, pendant tout le haut moyen âge avait couvert la ville et tenu l'ennemi à distance, était battu en brèche par le canon depuis plus de deux siècles; aussi venait-il d'être démoli par ordre de Philippe II, roi d'Espagne (1). Le nord de l'enceinte avait été très probablement démantelé en même temps et on n'en laissait plus subsister que la tour d'angle dont les ruines se voient encore dans un jardin voisin de la Manutention.

Cette enceinte formait presque un parallélogramme, comme le remarquait encore Dom Coudret (2) au siècle dernier. Chaque côté regardait un des quatre points cardinaux. Il est à peine nécessaire d'en indiquer à nouveau les contours après la minutieuse description qu'en a donnée M. L. Suchaux dans son article du *Dictionnaire des communes* consacré à Vesoul (3). Partons de la *Porte Basse* que notre gravure représente à l'extrémité de la route de Besançon et qui se trouvait à l'angle formé par la rue Basse et la rue Georges-Genoux. L'enceinte suivait cette dernière rue qui a porté longtemps le nom très significatif de *rue des*

---

(1) Au mois de novembre 1595. — Cf. L. Suchaux, *La Haute-Saône, Dictionnaire des communes*, Vesoul, in-8°, 1866, t. II, pag. 834-35.

(2) *Mémoire sur la ville de Vesoul*, 1768, manuscrit de la mairie, in-f°, p. 40.

(3) Cf. t. II, p. 347.

*Murs* (1), et qui était protégée extérieurement par le canal de la Pouilleuse, aujourd'hui recouvert. Sur ce canal, près de l'ancien étang du Breuil, desséché en 1553, s'était construit le moulin Chalot. La tour du sud-est était carrée (2) ; elle s'élevait un peu en avant de la Halle. De là le mur remontait au nord, suivait la rue Saint-Georges où l'on voit encore un pan d'environ 10 mètres de long (3), et rencontrait la *Porte Haute* dont le dessin de Stella nous donne l'état en 1615 : un plein-cintre, surmonté d'un toit à double rampant et flanqué de deux tourelles. L'approche en était défendue par un bassin appelé *étang de question* (4) qu'alimentaient deux sources de la Motte (5) et dont l'eau s'écoulait par la rue Haute. En continuant vers le nord, nous rencontrons un premier mur en ruines, avec tour d'angle dont les restes sont imposants ; elle a 10 mètres de côté ; les murs ont 1m50 d'épaisseur à la base. Mais cette ligne de défense qui, ce nous semble, était abandonnée depuis la fin du XVIe siècle, avait été reportée, en 1635, à cinquante pas plus haut et se composait de la longue

---

(1) C'est, avec les rues *du Fort* et *du Châtelet*, le seul nom qui se rattache à l'ancien système de défense de la ville.

(2) Cf. le dessin de Stella.

(3) Au nord de l'école communale des garçons.

(4) L'étymologie de cette dénomination ne nous paraît pas douteuse. Ces bassins étaient autrefois un élément d'information criminelle. Ainsi, en 1605, deux complices de la nommée Guyon, condamnée et brûlée vive comme sorcière, furent soumis à l'épreuve de l'eau dans l'étang *d'Autrey*. Liés ensemble par les mains et les pieds, ils furent poussés au fond de l'eau ; mais, ayant surnagé, ils furent reconnus coupables et bannis à perpétuité de la terre d'Autrey (Cf. Dey, *Hist. de la sorcellerie au Comté de Bourgogne*, dans les *Mémoires de la Commission d'archéologie*, t. II, 2e fascicule, pag. 64-5).

(5) Cf. un très curieux plan fait pour les Ursulines (Archives départementales, H, 922).

muraille qui est encore debout (1). La porte septentrionale se nommait *Porte-aux-Prêtres*. L'enceinte se repliait — c'est visible encore — entre la Maison de détention, l'Ecole normale des filles et le Lycée (2) près duquel on trouvait, sans doute à l'endroit où la rue du Collège débouche sur la place Beauchamp (3), la *Porte de Vaivre*, puis après avoir dessiné l'angle sud-ouest, elle regagnait la *Porte Basse* que nous avons prise pour point de départ.

S'il faut en croire un contemporain (4), l'état de ces murailles était déplorable : « Elles sont si caduques, dit-il, qu'elles tombent de toute part, en sorte qu'il ne s'y passe quasi point d'années qu'il ny surviennent des ruynes et que l'on ne soit obligés à la réparation de quelques bresches ; et qu'elles sont d'une si mauvaise disposition que ceulx qui sont dessus pour leur deffence, en la pluspart des endroits, sont découverts et exposés

---

(1) Nous appuyons notre dire sur une requête des Jésuites au Magistrat de la ville : « Supplient humblement les PP. Jésuites et disent que l'an 1635 l'on bâtit dans les fossés de la dite ville une muraille qui unissoit le collège aux anciens murs de la ville. On ne s'y détermina que par la crainte que l'on avoit alors des Suédois et que par la nécessité de conserver le collège qui étoit hors des murs anciens et tout ouvert de ce costé-là. Cette muraille n'étant aujourd'huy d'aucune utilité... il vous plaira céder et abandonner aux suppliants la muraille dont il s'agit... » (Archives départementales, série D, liasse 45, année 1737).

(2) « Ils (les Jésuites) ont été contraints d'édifier leur collège hors de l'enceinte d'icelle (ville) joignant toutefois *son fossé et muraille* » (Lettres de Philippe IV, roi d'Espagne, pour le collège des Jésuites, 1629. — Archives de la Haute-Saône, série D, liasse 45).

(3) « ... Il y avoit autrefois une tour dans cette espace de la rue qui va du coin du jardin de M. Roland au coin de notre cour ; là étoit la porte de la ville... » (Etat des biens du collège des Jésuites. — Archives départementales, D, 81).

(4) Cf. l'intéressant document sur la *reddition de Vesoul en 1674* publié dans les *Mémoires de la Commission d'archéologie*, t. III, p. 187 et suiv.

aux coups du dehors. Oultre qu'il ny a régularité, terrasse, fossés ny aultres ouvrages ou fortiffications pour couvrir la foiblesse de cette enceinte, et que son scite est naturellement si desadvantageux, que, selon le sentiment des expers en cette matière, lart n'en scauroit réparer les deffaults. »

Le périmètre total avait à peine 1,200 pas, car la ville ne compte, du levant au couchant, si on longe la *charrière des grands Murs*, que 300 pas (1) et l'étendue du nord au sud est assurément moins considérable.

Les faubourgs ne se sont formés que peu à peu et lentement, à la suite du calme qui résulta du renouvellement du traité de neutralité conclu en 1611.

Dès 1602, les Capucins avaient décidé en principe la fondation du couvent de Vesoul. Leur requête fut admise par le Magistrat, le 11 septembre 1604. Aidés par deux bourgeois, les sieurs Claude Besancenot et Melchior Mercier, ils élevèrent ce couvent, — le séminaire (2) — sur un monticule planté de vignes qui dominait la ville à l'est. La pose de la première pierre eut lieu le 30 avril 1605, en présence de Renobert Demesmay, curé de Vesoul, et la consécration de l'église fut faite par Guillaume Simonin, suffragant de Besançon, le 7 juillet 1611 (3).

Les Jésuites à leur tour firent construire, à l'opposé des Capucins, un collège qui est devenu le Lycée. Il ouvrit ses portes le 23 septembre 1610 (4). Par traité

---

(1) Et non 400, chiffre évidemment empreint d'exagération donné par D. Coudret.

(2) La plus grande partie des bâtiments actuels date de 1768.

(3) Cf. l'abbé Morey, *Les capucins en Franche-Comté*, Paris in-12, 1882, pag. 25-7.

(4) Archives de la Haute-Saône, D, 31.

passé cette même année, et ratifié depuis (1614) en cour de Rome, les bourgeois de Vesoul, après avoir observé qu'ils avaient depuis longtemps le désir de confier aux Jésuites l'éducation de leurs enfants, mais qu'ils en avaient jusqu'alors été empêchés par de nombreux malheurs, tels que incursions des ennemis, inclémence des saisons, calamités agricoles et procès injustes, s'engagent : 1° à payer au Père provincial, au commencement de chaque année, une somme de 800 livres pour parfaire la rente de 3,000 livres (1) arrêtée pour la dotation du collège; 2° à donner l'emplacement nécessaire à la construction et une somme de 17,000 livres pour l'élever (2).

Ces deux établissements sont aisément reconnaissables, l'un à droite, l'autre à gauche de notre gravure. Ils sont placés là comme des pierres d'attente autour desquelles viendront s'aligner successivement les maisons qui forment aujourd'hui la rue Haute et la rue de la Préfecture.

Par délibération du 21 août 1610, le Magistrat autorisa l'installation des Annonciades qu'avaient sollicitée trois demoiselles de Vesoul : Françoise Carmentrand, Adrienne Lavey et Catherine Rousselet (3). Leur couvent est devenu l'Ecole des Filles; leur église, le Musée. En 1645, Louis XV les exempta du logement des gens de guerre et les mit sous sa protection spéciale (4).

---

(1) Le fonds du collège, consistant en héritages et en argent, s'élevait, en 1621, à 46,583 livres, 18 sols, 4 deniers (Archives de la Haute-Saône, D, 31).

(2) Archives de la Haute-Saône, D, 31.

(3) Philiberte-Louise Sonnet se joignit à elles peu après (Archives de la Haute-Saône, H, 904).

(4) Archives de la Haute-Saône, série H, liasse 904.

Le contrat d'établissement des Ursulines est du 20 novembre 1615 (1). Le bâtiment où logeaient les jeunes filles dont l'éducation leur était confiée ne fut terminé qu'en 1717 (2). C'est aujourd'hui l'Ecole normale des garçons. La chapelle, qui avait été consacrée le 12 décembre 1632 par Philippe Patornay, suffragant de l'archevêque de Besançon (3), a été transformée en salle de spectacle (1816-1817).

Les clochetons que l'on voit s'élancer à l'est du groupe des maisons et au-dessus de la Porte Basse sont des points de repère qui permettent d'assigner leur place à ces deux couvents.

L'hôpital fut installé en 1442, au cœur de la ville, grâce à la fondation de Jean Sardon, licencié ès lois (4). Il dut être transféré là où il est encore, après 1619, car il y a une requête adressée cette année même par le Magistrat de Vesoul à l'archevêque de Besançon, pour le faire reporter, conformément au testament de Jacques Lambelin, « hors de la ville, du côté de la rivière et à l'oposite de la chapelle Notre-Dame qui est en haut du côté de la ville (5). » On agrandit les bâtiments en 1627. La chapelle ne fut construite qu'en 1682, et, en 1683, l'archevêque de Besançon donna l'autorisation d'y célébrer la messe (6). Le 11 mai de la même année, la ville avait fait venir de Dôle les Sœurs de l'ordre hospitalier de Sainte-Marthe.

---

(1) Archives de la Haute-Saône, série H, liasse 922.
(2) Archives de la Haute-Saône, série H, liasse 923.
(3) Archives de la Haute-Saône, série H, liasse 923.
(4) Archives départementales, G, 80. — Ce document a été publié (pag. 10-15) par M. l'abbé Morey dans son étude sur la *Charité à Vesoul* (Besançon, 1868, in-8°).
(5) Archives de l'hospice, A, 1.
(6) Archives de l'hospice, C, 1.

La chapelle Notre-Dame, dont il vient d'être question, a disparu en 1862 pour faire place à l'aile nord de l'hôpital. Elle avait été bâtie par la confrérie du Rosaire à la fin du XVI° siècle, pour qu'elle servît au cimetière des étrangers et des pestiférés (1) lequel se trouvait de l'autre côté de la levée de Besançon, en avant du canal du Moulin des prés. Ce canal, le cimetière et la chapelle figurent au premier plan de notre gravure (2).

Le cimetière, ayant été comblé par la peste de 1586, ne put pas être utilisé lorsque le fléau ravagea de nouveau la ville en 1635. Le XVII° siècle, en effet, ne se passa pas sans épidémie. « Elle se manifesta à Vesoul par la mort de deux écoliers, dit M. Miroudot du Bourg (3). Le Magistrat et les notables, dans une circonstance aussi triste, prirent toutes les précautions que la prudence pouvait dicter et que la sûreté exigeait: des gardes aux portes pour empêcher l'entrée de la ville aux gens soupçonnés de la contagion; même précaution pour en prévenir les progrès, en interdisant l'entrée et la sortie des maisons suspectes; lieu enfin déterminé pour servir de loges, mais fort inutile; le mal devint plus général. »

Une autre confrérie, celle de la Croix, put aussi, grâce à une concession de terrain que lui fit le Magistrat et aux pieuses libéralités de Nicolas Jacquinot, seigneur d'Auxon, bâtir sa chapelle (1629). Cet édifice était surmonté de deux clochetons, qu'on voit à l'extrémité

---

(1) Cf. la notice sur *la chapelle du Rosaire* insérée par l'abbé Morey dans le T. IV des *Mémoires de la commission d'archéologie*, p. 89 et suiv.

(2) Le canal est qualifié « d'ancienne rivière du moulin des prels » dans un plan de 1750 (Archives départementales, H, 901).

(3) *Essai sur la ville de Vesoul*, 1769, manuscrit de la mairie, pag. 79-80.

orientale de la ville sur notre petit dessin. Cette situation se réfère à l'emplacement actuel de la rue St-Georges.

Quant à l'église paroissiale, on aperçoit son clocher élancé à droite de la Porte Basse. Elle était d'aspect peu monumental, étant donné qu'elle devait suffire à une population qui se chiffrait par 487 feux (1).

Dans son voisinage se trouvait la Maison de ville, où siégeait le Magistrat, et la Halle, où se rendait la justice. Ce dernier bâtiment (2) situé sur le terrain occupé en partie par le Palais de justice, était un simple toit de lave porté par une puissante charpente. Des rangées de boutiques à demeure fixe le fermaient de droite et de gauche. Un peu au nord était la fontaine qui a laissé son nom à la place du Grand-Puits.

Le calme à la faveur duquel tous ces établissements s'étaient développés ne fut pas de longue durée. A peine le pacte de neutralité, conclu en 1611, eut-il expiré, que les ennemis commencèrent à parcourir la province. Leur présence ayant été signalée aux environs de Vesoul, la ville fit élever la nouvelle chemise de sûreté qui la protège au nord et dans l'enclave de laquelle furent compris les jardins des Annonciades, des Ursulines et des

---

(1) C'est le chiffre du recensement de 1629. — Le dénombrement de 1698 accuse 2,225 habitants. — Nous citerons parmi les familles marquantes de cette époque : les Aymonnet, Buretel, Bourguignet, Buisson, Broch, Balin, Cordemoy, Cour, Chapuis, Clerc, Cordier, Dard, Demongenet, Froment, Faivre, Foyot, Frère, Gilley, Gousseret, Gouhier, Grégoire, Jobelin, Lamy, Lallemand, Lambelin, Marquis, Mathey, Malbouhans, Mareschal, Mercier, Maire, Nicot, Paulet, Ponceot, Renaudin, Symard, Sonnet, Terrier, Travot, Vautherin, Vinot, Vautravers, etc., qui ont comparu à l'Assemblée des notables de 1610 où on délibéra sur l'établissement des Jésuites (Archives municipales, série GG).

(2) Nous parlons de la halle antérieure à la reconstruction de 1770.

Jésuites (1635). Ce système de défense fut complété à l'ouest par un ouvrage avancé, construit en maçonnerie (1638) sur l'emplacement de l'abattoir.

Le passage du duc de Lorraine, de MM. de Conflans et de Mandre à Vesoul (1635-1637) se rapporte à ces mouvements de troupes que l'on considère comme les préliminaires de la guerre de Dix Ans.

En 1636, au bruit de l'arrivée des ennemis, les archives de la ville furent transportées à Besançon. Une armée française, sous les ordres du prince de Condé, venait effectivement d'ouvrir une tranchée devant Dôle. Le 17 juin, Vesoul leva une troupe de 300 hommes de pied qu'elle envoya, sous la conduite de M. Lambelin, prêter main-forte à la défense. La résistance opiniâtre des Dôlois (1) ne tarda pas à décourager Condé qui leva le siège (14 août 1636).

Au mois de septembre 1641, M. de Grancey, après avoir fait le siège du château de Ray, marcha sur Vesoul. Il fit demander à la ville une somme de 3,000 pistoles (2). MM. Aymonnet, Froment, Buretel, Favière, François, Pernelle, Terrier, Damedor, Demongenet, Mercier, Clerc et Flavigny furent emmenés à titre d'otages jusqu'à ce que la contribution fût totalement payée (30 septembre). A la suite de cela, une partie des fortifications fut détruite (3).

Turenne se présenta à son tour devant la ville, le 19 mars 1644. Malgré les clauses de la capitula-

---

(1) Cf. L. de Piépape, *Histoire de la réunion de la Franche-Comté à la France*; Paris, 1881, in-8°, t. II, p. 1 et suiv.

(2) Environ 40,000 livres, car la pistole valait à cette époque de 10 à 15 livres.

(3) Les portes ne furent supprimées qu'à la fin du XVIII° siècle.

tion (1) qui fut signée dix jours après, le 29, et qui stipulait que les personnes religieuses et ecclésiastiques ne seraient pas molestées, — que le corps de l'armée n'entrerait pas dans la ville, — que celle-ci serait exempte d'embrasement, saccagement et pillage, — Turenne prit lui-même quartier dans le couvent des Annonciades, installa chez les habitants une garnison de cinq cents hommes et laissa ses soldats faire mainbasse dans les maisons. L'Hôtel-de-Ville fut détruit et une partie des archives brûlée. Il fallut lever une contribution de guerre de 2,000 livres pour le rachat des cloches.

De 1648, date du traité de Munster, à 1668, date de la guerre pour le droit de dévolution, Vesoul jouit d'un calme relatif. Mais on ne releva pas les fortifications. Aussi ne put-on opposer la moindre résistance aux Français (1668) quand ils se présentèrent.

Mais en 1674, lorsque, le 4 mars, un trompette envoyé par MM. de La Feuillée et de Listenois, sous le commandement de qui le duc de Navailles avait détaché quelques régiments de cavalerie, vint proposer au Magistrat de capituler, on organisa la défense. Le capitaine Mâcon d'Esboz arma les bourgeois, coupa le pont du Durgeon et fit donner l'alarme aux villages voisins. Le 5 au soir, les Français vinrent camper entre Echenoz et Navenne en tel nombre, que, le 6, une assemblée des notables de la ville « conclut, *avec un sensible déplaisir,* qu'il falloit céder à la force et conserver les personnes et les biens des bourgeois par une doulce et honneste capitulation, plutost que de les exposer à

---

(1) Le texte complet se trouve dans le manuscrit de D. Coudret, pag. 87-8.

une perte indubitable par une résistance si peu proportionnée à leurs forces et à celles des ennemys (1). »

Le 17 septembre 1678, la Franche-Comté fut, par le traité de Nimègue, définitivement rattachée à la France.

Si la province fut traitée en pays conquis, la ville eut l'avantage de garder son organisation municipale et de rester le chef-lieu du bailliage d'Amont. Bien plus, Louis XIV la dota de deux juridictions nouvelles : un présidial et une maîtrise.

Nous dirons quelques mots de chacune de ces institutions. C'est Charles Quint (2) qui avait donné aux habitants de Vesoul « auctorité et puissance de pouvoir doresnavant et à tous jours, chacun an eslire avec leurs eschevins et conseil ung chief mayeur, juge qui ait la cognoissance de toutes matières criminelles qui pourroyent soudre et mouvoir en ladite ville, finaige, paroichiaige et territoire d'icelle (16 avril 1540). » La municipalité se composa dès lors d'un maire assisté de trois échevins et de douze conseillers, plus un syndic et un secrétaire.

Le bailliage d'Amont comprenait l'arrondissement actuel de Vesoul, celui de Lure, moins le canton d'Héricourt, et la partie occidentale de celui de Baume-les-Dames. En 1692, le personnel du siège se composait

---

(1) Peu de temps avant l'arrivée des Français, une large brèche s'était produite dans les murailles entre *la prison et l'église de la Miséricorde*. Quelques jours après la capitulation, une autre brèche se forma *près la tour de Coulevon*. (Cf. le document inédit sur la reddition de Vesoul en 1674 inséré dans le t. III des *Mémoires de la commission d'archéologie*, p. 187). — La tour de Coulevon devait être celle de l'angle nord-est de la ville ; celle de l'angle nord-ouest s'appelait *Tour des Morts* (Archives départementales, D, 31).

(2) Ses lettres patentes ont été publiées par M. A. Gevrey dans son *Histoire de Vesoul*; Vesoul, 1865, in-8°, 1re partie, pag. 109-112.

d'un bailli, président; du lieutenant civil, du lieutenant criminel et du lieutenant local; de quatre conseillers-assesseurs; du procureur du Roi avec un substitut et de l'avocat du Roi, faisant fonctions de ministère public; d'un greffier ou libellant; des avocats et des procureurs, organes des parties; des sergents ou huissiers. Sa compétence criminelle était sans limite et sans appel. Au civil, il jugeait en dernier ressort les affaires dont la valeur n'excédait pas une somme déterminée (1).

Le présidial fut créé en 1696 « pour diminuer, dit l'ordonnance, les degrés de juridiction et procurer du soulagement aux sujets du Roi. » Il se composait du personnel du bailliage qui, à certains jours, jugeait présidialement. Ses attributions tenaient le milieu entre celles du bailliage et du Parlement.

Quant à la maîtrise des eaux et forêts, instituée en 1692, pour connaître, en première instance et sans appel, des cas spécifiés par les ordonnances et règlements en matière d'eaux et forêts, elle était constituée par un maître particulier, un lieutenant, un procureur du Roi, un garde-marteau, un greffier, deux arpenteurs jurés, deux huissiers audienciers, un receveur des épices et amendes, et un certain nombre de sergents à garde. Sept grueries ressortissaient à la maîtrise de Vesoul : Montjustin, Montbozon, Jussey, Port-sur-Saône, Vesoul, Jonvelle et Château-Lambert.

Louis XIV, on le voit, désireux de faire oublier au peuple les amertumes de la conquête, s'inspira de l'intérêt général dans les mesures qu'il prit vis-à-vis de notre province. Il envoya en Franche-Comté des intendants et des subdélégués chargés de donner une impulsion

---

(1) Cf. les introductions des tt. I et II de *l'inventaire sommaire des archives du département de la Haute-Saône*.

nouvelle aux travaux d'accès, d'extension et d'embellissement des villes, d'augmenter l'essor de l'agriculture, de l'industrie et du commerce, de donner enfin au pays une prospérité qui lui avait fait défaut sous la domination espagnole. L'œuvre d'assimilation ne fut ni longue ni pénible, car c'est un point d'histoire curieux à noter, combien à travers les siècles l'allure générale du pays était restée profondément française depuis le jour funeste où le roi Rodolphe, sur son lit de mort, avait envoyé à l'empereur Conrad la lance de saint Maurice (1).

---

(1) C'était l'insigne de la royauté sous la dynastie rodolphienne. — Cf. D. Bonquet, tome XI, 143 C.

Limoges. — Typ. Mme J. Dumont, place de la République, 10.

www.ingramcontent.com/pod-product-compliance
Lightning Source LLC
Chambersburg PA
CBHW060901050426
42453CB00011B/2068